GW01457832

La collana Letture Graduate ELI è una
proposta completa di libri per lettori
di diverse età e comprende accattivanti
storie contemporanee accanto
a classici senza tempo. La collana
è divisa in: **Letture Graduate ELI
Bambini, Letture Graduate ELI
Giovani, Letture Graduate ELI
Giovani Adulti.** I libri sono ricchi
di attività, sono attentamente editati
e illustrati in modo da aiutare
a cogliere l'essenza dei personaggi
e delle storie. I libri hanno una sezione
finale di approfondimenti sul periodo
storico e sulla civiltà, oltre
a informazioni sull'autore.

J

MARTA NATALINI

I COLORI DI NAPOLI

Illustrazioni di Enrico Lorenzi

Letture Graduate ELI Giovani

Marta Natalini
I colori di Napoli
Illustrazioni di Enrico Lorenzi

Letture Graduate ELI
Curatori della collana
Paola Accattoli, Grazia Ancillani, Daniele Garbuglia (Art Director)

Progetto grafico
Sergio Elisei – Airone Comunicazione

Impaginazione
Airone Comunicazione

Direttore di produzione
Francesco Capitano

Foto
Shutterstock, Archivio ELI

© 2018 s.r.l.
P.O. Box 6
62019 Recanati MC - Italy
T +39 071750701
F +39 071977851
info@elionline.com
www.elionline.com

Il testo è composto in Monotype Dante 13 / 18

Stampato in Italia presso Tecnostampa – Pigini Group Printing Division – Loreto, Trevi – ERT 264.01

ISBN 978-88-536-2441-3

Prima edizione: febbraio 2018

www.eligradedreaders.com

Materiale sviluppato in collaborazione con:

scuoLa
DanTe ALigHieri
recanaTi - itaLia
www.scuoladantealighieri.org/ita/camerino.htm

campus
L'Infinito

Recanati - (Italia)
www.campusinfinito.it

Sommario

Personaggi principali

SALVATORE

ANNA

CIRO

I GENITORI DI ANNA

I NONNI DI ANNA

Attività

1 Abbina le frasi e leggi informazioni sulla storia.

1 ☐ Anna è una ragazza di
2 ☐ La sua famiglia è andata da Napoli
3 ☐ Anna, in vacanza, va a Napoli
4 ☐ A Napoli Anna
5 ☐ Anna aiuta Ciro
6 ☐ Ciro e Anna giocano

a a fare il suo sito su Napoli.
b a calcio contro Salvatore.
c a Vancouver, in Canda.
d 17 anni.
e a trovare i nonni.
f conosce Ciro e insieme visitano la città.

2a Cibi di Napoli: metti in ordine le frasi.

1 dolce / La / di / è / un / tipico / Napoli. / sfogliatella

....

....

2 napoletana. / Marinara / pizza / classica / una / è / La

....

....

3 tutto / La / Pasqua, / è / torta / pastiera / tipica /
mangia / della / ma / si / l'anno./ una

....

....

4 a / Il / fritto. / è / base / pesce / "cuoppo" / di

....

....

2b Ora abbina i cibi alle foto.

1 ☐

2 ☐

3 ☐

4 ☐

a la Marinara

c la sfogliatella

b la pastiera

d il "cuoppo"

▶ 2 **3** Ascolta il primo capitolo e segna V (Vero) o F (Falso).

		V	F
1	Anna è andata al concerto di Justin Bieber.	☐	☐
2	I genitori di Anna hanno delle pizzerie.	☐	☐
3	Quando era piccola, i nonni stavano spesso con lei.	☐	☐
4	Anna ama fare fotografie.	☐	☐
5	Anna capisce bene il dialetto napoletano.	☐	☐
6	Il viaggio da Napoli a Vancouver è molto lungo.	☐	☐
7	La migliore amica di Anna si chiama Liz.	☐	☐
8	Liz e Anna giocano insieme nella squadra di calcio della scuola.	☐	☐
9	È più facile fotografare le persone che la natura.	☐	☐
10	Anna in estate vuole andare a un campo estivo.	☐	☐

Capitolo 1

Italiani a Vancouver

▶ 2 La canzone *A Head Full Of Dreams* dei Coldplay suona nella stanza. Anna balla e sogna di essere ancora al concerto del suo gruppo preferito. Un mese fa, durante il concerto, il cantante del gruppo è andato vicino al pubblico e Anna ha potuto toccare la sua mano. Che emozione! Nel sogno Anna tocca ancora la sua mano e… suona il cellulare! Sono le cinque del pomeriggio e la mamma chiama sempre a quest'ora.

– Ciao mamma! – dice Anna.

– Ciao amore, hai finito i compiti?

– Sì… voi quando tornate?

– Tardi! Abbiamo tanti clienti* in pizzeria! Non ci aspettare per cena e vai a letto presto!

– Va bene… saluta papà!

La famiglia di Anna si è trasferita da Napoli a Vancouver 12 anni fa. I suoi genitori hanno aperto una pizzeria a *Gastown*, la parte più antica

clienti (qui) persone che mangiano in pizzeria

10

della città, poi un'altra e un'altra. Ora hanno sei pizzerie: Anna li vede poco e, a volte, si sente sola. Loro tornano a casa la sera tardi e sono sempre stanchi. Poche parole e, poco dopo, vanno tutti a letto.

A volte Anna sogna Napoli e i suoi nonni. Loro avevano sempre tempo per lei! Quando era bambina, a Napoli, giocavano, andavano al mare o a passeggiare* e sua nonna Diletta le comprava sempre una sfogliatella... che buona! Dolcissima! Nonno Francesco, invece, le cantava vecchie canzoni napoletane per farla ridere e ballare. Tanto tempo fa, quando lei aveva solo cinque anni.

Oggi Anna ha 17 anni ed è una ragazza indipendente. Va a scuola, ha i suoi amici e i suoi *hobby*. Ma soprattutto Anna ha due grandi passioni: fare fotografie e giocare a calcio. Tra due giorni c'è una partita importante! Anna gioca nella squadra* della sua scuola, la *Maple*

passeggiare camminare con calma   **squadra** (qui) gruppo di calciatori

High School Soccer Team. È una vera campionessa!
Stare in squadra le piace: si sente forte e sicura,
le sue compagne sono simpatiche ed è bellissimo
giocare insieme!

❖ ❖ ❖

È il giorno della partita: *Maple High School* contro
Squirrel High School. Sono le sette del mattino. La
sveglia suona. I genitori di Anna sono già usciti.
Anna fa la doccia, si veste e prepara la colazione:
uova, pancetta e un buon caffè preparato con la
"napoletana★". Nonna Diletta spedisce sempre il
caffè da Napoli perché, secondo lei, nessun caffè è
buono come quello napoletano. Anna è tornata a
Napoli poche volte: in 12 anni, solo cinque volte.
I nonni sono andati a Vancouver solo tre volte. Il
volo è molto lungo e nonno Francesco è malato di
cuore. Nonna Diletta, però, videochiama★ sempre
il lunedì e il venerdì: una buona occasione anche
per parlare italiano. Parlare con nonna Diletta e
nonno Francesco è divertente, soprattutto quando
Anna non capisce le parole in dialetto★ e allora

napoletana caffettiera tipica di Napoli
videochiamare telefonare anche
con il video, per vedersi al telefono

dialetto la lingua particolare di una
zona o di una città

tutti ridono come i matti*! Con i genitori Anna ora parla sempre inglese: per l'italiano ci sono i nonni.

Anna finisce di fare colazione e va a prendere l'autobus.

– Oh no, l'autobus è pieno!

Per fortuna, quando sale*, vede Liz, la sua migliore amica, che ha tenuto un posto per lei. Anna si siede vicino a Liz.

– Ciao Liz, grazie per il posto! Come stai?

– Ho tanto sonno, Anna! Ieri ho guardato la tv fino a tardi…

– Ma Liz!!! Oggi c'è la partita contro la *Squirrel High School* e tu dormi in piedi*?!

– Tranquilla! Sono pronta… prontissima! Sarò bravissima… e sveglia!

– Lo spero! Anche perché il nostro allenatore* ci vuole pronte e… sveglie!

L'autobus si ferma davanti alla *Maple High School* e tutti scendono. Anna vede che l'albero

ridere come i matti (modo di dire) ridere tantissimo
salire (qui) entrare nell'autobus

dormire in piedi (modo di dire) avere tanto sonno
allenatore persona che prepara gli sportivi per una gara

di magnolia davanti alla scuola è pieno di fiori e gli fa una foto con il cellulare. A volte Anna va allo *Stanley Park* e fotografa alberi, fiori, l'oceano, gli animali. Ama fotografare la natura! Le piace anche fotografare le persone, ma è più difficile: è necessario trovare il momento giusto ed essere veloci, pronti con la macchina fotografica. Ad Anna, invece, piace fare le cose con calma. A Liz no. Liz è una persona molto attiva: ha tanti *hobby* e quattro sorelle! E ha almeno un milione* di cugini! Ha sempre qualcosa da fare, in famiglia o con gli amici. Anche Anna ha molti zii e cugini, ma sono tutti a Napoli.

Anna non conosce bene i suoi zii e i suoi cugini: li ha visti poche volte. A volte questo le sembra strano e a volte no. La sua vita è a Vancouver! Certo Napoli è bellissima, ma è così diversa da Vancouver, così colorata e… disordinata! "Chissà* com'è vivere a Napoli…" si domanda Anna. Ricorda le strade strette, il mare, il traffico nelle strade… "Proprio un altro mondo!" pensa Anna.

un milione (qui) tantissimi   **chissà** chi lo sa?

Comunque, tra poco sarà estate e lei andrà al campo estivo al Parco Nazionale dei laghi Waterton. È un posto bellissimo, c'è anche il Mount Blakiston e tantissime cose da fotografare. E sicuramente si farà dei nuovi amici: a luglio e agosto ci sono moltissimi turisti. Anna sogna un'estate piena di amici, di posti da fotografare e nuove scoperte e, mentre sogna... è ora di entrare in classe! ▪

Lettura e comprensione

1 **Completa il riassunto del Capitolo 1 con le parole nel riquadro.**

> amici • campo • Canada • estate • fotografia • lavoro •
> Napoli • nonni • passioni • pizzerie • poche • spesso

Anna ha 17 anni e vive a Vancouver, in (**1**) ....
È nata a (**2**) ...., ma i suoi genitori sono andati
in Canada per (**3**) .... quando lei era bambina.
I suoi genitori lavorano molto, perché hanno sei
(**4**) .... Anna ha due grandi (**5**) ....:
il calcio e la (**6**) .... Ama Napoli, ma c'è stata
(**7**) .... volte. A Napoli vivono i suoi
(**8**) .... Anna li vede poco, perché non vanno
(**9**) .... in Canada. Durante l'(**10**) ....
Anna vuole andare a un (**11**) .... estivo, fare
tante foto e conoscere nuovi (**12**) ....

Grammatica

2 **Completa le frasi con il passato prossimo dei verbi tra parentesi.**

1 Anna (andare) .... al concerto dei Coldplay.

2 Anna (potere) .... toccare la mano del
cantante del gruppo.

3 Anna (finire) .... di fare colazione e
(prendere) .... l'autobus.

4 Liz (tenere) .... un posto per Anna sull'autobus.

5 Liz (guardare) .... la tv fino a tardi.

6 Anna (fotografare) .... la magnolia davanti
alla scuola.

Scrivere

3 Immagina: sei Anna. Descrivi la tua vita: la tua giornata, la tua famiglia, i tuoi interessi, il tuo carattere...

Attività di pre-lettura

4 Secondo te che cosa succederà nel Capitolo 2? Segna gli eventi secondo te giusti e aggiungi tu un evento. Poi leggi e controlla.

- ☐ Anna andrà al campo estivo.
- ☐ Anna andrà a Napoli con i genitori.
- ☐ I nonni verranno a Vancouver.
- ☐ Anna farà il suo primo viaggio da sola.
- ☐ Anna visiterà Napoli.
- ☐ Anna si innamorerà di un ragazzo napoletano.
- ☐ Ad Anna piacerà molto il cibo napoletano.
- ☐ ....

Capitolo 2

Non è possibile!

▶3 Ora di cena. Anna e i suoi genitori stanno mangiando. Improvvisamente* il padre di Anna dice:

– Anna, ti piacerebbe andare dai nonni a Napoli questa estate?

Anna è molto sorpresa:

– Certo, ma… e il campo estivo ai laghi?

– Puoi andarci quando torni. I nonni hanno tanta voglia* di vederti! È tanto tempo che non vedi più Napoli! Secondo me e tua madre ti farà bene: una bella esperienza!

– Sì, ma… voi non venite con me?

– No, cara, – risponde la mamma. – Abbiamo tanto lavoro e ormai sei grande! Non ti piacerebbe fare il tuo primo viaggio da sola? Un mese a Napoli!

Il primo viaggio da sola? Ma è fantastico! Nessuno dei suoi amici ha ancora fatto un viaggio da solo: neanche Liz! E poi a Napoli ci sono i

---

improvvisamente a sorpresa, in modo inaspettato

voglia desiderio

nonni, i cugini e un milione di cose bellissime da fotografare!

Anna si alza improvvisamente dalla sedia e grida*:

– Grazie! È fantastico! E quando parto?

– Puoi partire appena finisce la scuola, – risponde la mamma.

Anna l'abbraccia e corre via. La madre grida:

– Anna! Dove vai? E la cena?

– Vado a videochiamare la nonna! Non ho più fame! Sono troppo felice!

❖ ❖ ❖

Anna è sull'aereo per Napoli. È molto felice ed emozionata. Il viaggio è lungo, ma Anna sogna la città, i nonni, le tante cose da vedere, le persone da conoscere… sarà un mese bellissimo! Ha portato la sua macchina fotografica ed è impaziente* di usarla. Liz le ha detto che vuole organizzare una mostra* a scuola con le sue foto di Napoli: Liz è proprio matta*, ma l'idea della mostra piace molto ad Anna… chissà!

gridare parlare a voce molto alta
impaziente che non vuole aspettare

mostra esposizione al pubblico di foto, quadri o altro
matta pazza (qui, in modo simpatico)

I nonni l'aspettano all'uscita dell'aeroporto. Anna li abbraccia* forte! La nonna e il nonno sono felicissimi: il nonno piange anche un po'. Che emozione rivedersi!

– Anna! Amore mio! Come sei cresciuta! – grida il nonno, e la nonna:

– Anna, hai fame, amore? Ti ho portato le sfogliatelle! Le mangi in macchina! Vieni, andiamo a casa!

In macchina i nonni parlano e parlano. Sono felicissimi perché la loro amata Anna è tornata! Le chiedono come sta e come stanno i suoi genitori. Le parlano dei cugini, poi del tempo, di Napoli, del cibo… Anna li ascolta e ride. Quando Anna è a Vancouver, si videochiamano due volte alla settimana, ma così – di persona – è diverso: è tanto più bello! Anna si sente a casa!

❖ ❖ ❖

Anna è a Napoli da due giorni. La casa dei nonni è vicino a Corso Umberto I, la grande e lunga strada che dalla stazione arriva al centro della città. Da

abbracciare stringere qualcuno con le braccia

23

lì Anna può visitare comodamente quasi tutta Napoli. Non l'ha ancora visitata, perché è stata con i nonni e i parenti. Anche quando veniva con i suoi genitori era così: stavano sempre con i parenti e uscivano poco. Ieri, a casa dei nonni, sono venuti tutti gli zii e i cugini e hanno portato tanti dolci: Anna non ha mai mangiato tanto in vita sua!

Oggi però è ora di uscire! Anna arriva in Corso Umberto I e va verso il centro. Un ragazzo in motorino* passa davanti a un bar e saluta il barista gridando:

– *Uè! Ce verimmo*★!

– *Vabbuò, jà*★! – risponde gridando il barista.

Anna ride: mai vista una cosa così! In effetti qui parlano tutti a voce molto alta. Lo ha notato anche ieri a casa dei nonni: che confusione! A volte non capiva niente: parlavano tutti insieme e molti parlavano in dialetto!

Anche per strada molti parlano in dialetto. Ad Anna piace visitare la città da sola. La gente sembra felice, qualche persona le sorride. Lungo

motorino piccola motocicletta
uè - ce verimmo "ciao" "ci vediamo" in dialetto napoletano

vabbuò, jà "va bene, dai" in dialetto napoletano

Corso Umberto I ci sono negozi bellissimi. C'è anche l'università Federico II, che è molto antica★ e famosa, ma Anna non ha voglia di visitarla. Camminare per strada è troppo bello! Ci andrà un altro giorno.

Anna continua a camminare e arriva al Teatro San Carlo, uno dei più famosi teatri lirici d'Italia. Di fronte c'è la Galleria Vittorio Emanuele, con i suoi negozi e i suoi tetti di vetro. Sì… Anna è davvero in uno dei luoghi più famosi del mondo.

Poco dopo arriva a Piazza del Plebiscito. Da un lato c'è il Palazzo Reale e dall'altro la Chiesa di San Francesco di Paola con il famoso colonnato★. La piazza è grandissima, fantastica! Anna è senza parole! Guarda tutto con curiosità camminando lentamente per la piazza e poi comincia a fotografare. La piazza però è davvero grande! Chissà se le foto verranno bene★…

Ancora pochi passi ed ecco: il Golfo di Napoli e il suo bellissimo mare! La nonna ha ragione: il

antica molto vecchia e preziosa
colonnato 🏛

venire bene (qui) essere belle, fatte bene

mare di Napoli ha davvero un blu particolare! Mai visto un blu così! È speciale! Che spettacolo*!

Vicino ad Anna ci sono due innamorati che guardano il mare. Anna li fotografa di nascosto: una foto romanticissima! "Certo, sarebbe bello avere un fidanzato," pensa con un po' di tristezza. Anna decide di tornare a casa: che strana questa tristezza... non ha più voglia di fare fotografie.

Lungo Corso Umberto I, vicino al Duomo, sente un buonissimo odore di cibo: "Che fame!". Ma sì! "Adesso mi compro un bel cartoccio* di pesce fritto, anzi un *cuoppo*, come dicono qui". ◉

che spettacolo (modo di dire)
essere bellissimo

cartoccio

Lettura e comprensione

1 **Anna visita Napoli. Abbina ad ogni luogo la descrizione giusta.**

1 ☐ Corso Umberto I
2 ☐ Università Federico II
3 ☐ Teatro San Carlo
4 ☐ Galleria Vittorio Emanuele
5 ☐ Piazza del Plebiscito
6 ☐ Golfo di Napoli

a Grandissima piazza con il Palazzo Reale e una chiesa con colonnato.
b Ha un bellissimo mare.
c Università molto antica e famosa.
d Grande strada che va dalla stazione al centro della città.
e Importante teatro lirico.
f Ha negozi e tetti di vetro.

Grammatica

2 **Completa le espressioni di tempo con le parole nel riquadro.**

> appena • quando • ora • ormai • quando • questa

1 Anna vieni a mangiare: è .... di cena!
2 .... estate andrai dai nonni.
3 Andrai al campo estivo .... torni da Napoli.
4 .... sei grande e puoi viaggiare da sola.
5 È fantastico! E .... parto?
6 Puoi partire .... finisce la scuola.

Vocabolario

3 **Leggi e completa lo schema.**

1 La chiesa di San Francesco di Paola ha un famoso...

2 Molte persone a Napoli parlano in...

3 La mangia Anna in macchina.

4 Quello di Napoli ha un bellissimo mare.

5 Il "cuoppo" è un... di pesce fritto.

6 Lo è il San Carlo.

7 In Piazza del Plebiscito c'è quello Reale.

8 Che non vuole aspettare.

Attività di pre-lettura

▶ 4 **4** **Ascolta la prima parte del Capitolo 3 e segna le parole che senti.**

- ☐ Quartieri Spagnoli
- ☐ Quartieri Bagnoli
- ☐ Speranapoli
- ☐ Spaccanapoli
- ☐ vicoli
- ☐ vincoli
- ☐ duomo
- ☐ uomo
- ☐ Via dei Tibunali
- ☐ Via dei Tribunali
- ☐ pastiera
- ☐ pasticcera
- ☐ destino
- ☐ cestino
- ☐ corda

Capitolo 3

Un incontro speciale

▶ 4 Il giorno dopo Anna vuole vedere i Quartieri* Spagnoli, gli antichi e famosi quartieri di Napoli con Spaccanapoli, la lunga via che taglia il centro cittadino a metà. I Quartieri Spagnoli sono molto caratteristici*, con i loro vicoli*, i negozi particolari e le case antiche. Sicuramente Anna farà foto bellissime della vera Napoli! Torna al Duomo, va verso via dei Tribunali e prosegue fino a via Toledo. Il *cuoppo* di ieri era buonissimo! Ad Anna viene ancora fame… ma a Napoli il cibo è così buono! Ma sì, una fetta di pastiera con un cappuccino! Anna entra in un bar e fa colazione… per la seconda volta!

Nei Quartieri Spagnoli c'è un mercato di pesce e frutta. Mentre Anna fa alcune foto, arriva un ragazzo e fischia* forte. "Che succede?" pensa Anna. Ecco: una signora, da una finestra, fa scendere un cestino* legato ad una corda*. Nel

quartieri zone della città
caratteristici tipici, particolari di un luogo
vicoli strade molto strette

fischiare fare un forte suono con la bocca
cestino
corda

30

cestino ci sono dei soldi. Il ragazzo prende i soldi, mette del pesce nel cestino e la signora tira su il cestino con la corda. Incredibile! Anna fotografa tutto: a Vancouver non si vedono cose così! ⬛

❖ ❖ ❖

▶ 5 Anna arriva in via San Gregorio Armeno, la strada famosa per i negozi di presepi*. Le statue sono meravigliose. Anna fa tantissime foto e poi… sente una voce:

– Buongiorno! Ti piacciono i presepi?

Anna alza la testa e vede un ragazzo che le sorride.

– Sono bellissimi! Questo è il tuo negozio?

– No, è di mio nonno. Io studio informatica. Mi chiamo Ciro.

– Ciao, io sono Anna, sono qui in vacanza, abito a Vancouver.

– Vancouver?!

– Sì, i miei genitori sono andati in Canada per lavoro quando ero piccola.

– Capisco… e ti piace la fotografia?

presepi rappresentazioni della nascita di Gesù fatte con piccole statue

31

– Molto, ma non sono un'esperta… è solo un *hobby*.

– Dai, fammi vedere le tue foto!

Anna fa vedere le foto sul *display* della macchina fotografica.

– Ma sei bravissima! – dice Ciro. – Nelle tue foto questi presepi sembrano vivi!

– Grazie! Queste statue sono bellissime, le fa tuo nonno?

– Sì, è molto bravo, vero? A Napoli la tradizione del presepe è molto antica. Ci sono le statue del presepe tradizionale, come il pescatore o il monaco… ma anche statue di personaggi famosi moderni, come attori o calciatori.

Anna e Ciro cominciano a chiacchierare*. Ciro spiega ad Anna che il presepe napoletano è particolare: non c'è solo la rappresentazione della nascita di Gesù, ma anche la rappresentazione della vita della gente. Per questo ci sono il pescatore, il contadino, il cuoco… Ciro sa molte cose su Napoli e le sue tradizioni. Ma è anche un ragazzo

chiacchierare parlare di molte cose

moderno: sta creando un sito *web* su Napoli. È una cosa importante per lui! Vuole partecipare ad un concorso *web*: se il suo sito vince, Ciro riceve dei soldi e può pagare l'università. I suoi genitori non hanno molti soldi…

– Voglio far conoscere la vera Napoli nel mondo. Tu hai fatto delle foto bellissime: puoi darmi una foto per il mio sito? In cambio, ti faccio visitare Napoli!

– Ma certo! Grazie! – risponde Anna. – Tutte le foto che vuoi!

– Allora, ti porto subito in un luogo speciale!

Ciro porta Anna a vedere Napoli sotterranea*. Ciro spiega a Anna che sotto la città di Napoli ci sono molti tunnel, gallerie e un acquedotto* che ha 2.400 anni! Ci sono anche gallerie preistoriche che hanno 5.000 anni! Anna ascolta e guarda tutto con attenzione, ma poi diventa un po' pallida*.

– Tutto bene? – chiede Ciro.

– Sì, ma… sono stanca e poi è buio qui!

sotterranea sotto terra
acquedotto (qui) canali per l'acqua
pallida bianca in viso

– Allora dammi la mano e usciamo! Ti porto a mangiare la vera pizza napoletana!

Anna e Ciro escono tenendosi per mano. Una bella sensazione!

❖ ❖ ❖

Pizzeria Di Matteo, in via dei Tribunali: una delle pizzerie storiche di Napoli. È uno dei posti dove puoi mangiare la vera pizza napoletana, morbida e un po' alta. Ciro ha ordinato due "classici": la Marinara, con pomodoro, olio, aglio e origano, e la Margherita, con pomodoro, olio, mozzarella e basilico.

Ciro e Anna mangiano e chiacchierano: hanno molte cose in comune, per esempio la passione per il calcio. Ciro pensa: "Anna è proprio carina... e poi gioca a calcio! Fantastica!". E Anna: "Ciro è proprio gentile e simpatico. E poi sa un sacco* di cose!".

Ciro e Anna si guardano negli occhi: sì... una bella sensazione! Ciro è un po' emozionato: Anna gli piace molto. Si sente bene con lei, si

un sacco (qui) moltissime

sente quasi… innamorato? Ciro diventa rosso. La conosce solo da poche ore, però parlare con lei è fantastico!

Le parla del suo sito e del fatto che vincere il concorso è importante, ma è importante anche far conoscere a tutti la vera Napoli. Ma ci* vuole qualcosa di speciale per vincere, per esempio…

– *Uè*, Ciro! Che fai qui?! – grida qualcuno.

Ciro esce improvvisamente dai suoi sogni! Oh no! Ma quello è… ⬛

ci vuole (qui) è necessario

Lettura e comprensione

1 **Vero (V) o Falso (F)?**

	V	**F**
1 I Quartieri Spagnoli sono moderni quartieri di Napoli.	☐	☐
2 Spaccanapoli è la via che taglia il centro cittadino a metà.	☐	☐
3 Nei Quartieri Spagnoli ci sono grandi strade moderne.	☐	☐
4 Anna va verso via dei Tribunali, fino a via Toledo.	☐	☐
5 Nei Quartieri Spagnoli c'è un mercato di pesce e frutta.	☐	☐
6 Una signora fa scendere una scatola legata ad una corda.	☐	☐

Grammatica

2 **"C'è" o "ci sono"? Completa le frasi.**

1 Nei Quartieri Spagnoli .... molti vicoli.

2 Qui .... anche negozi particolari e case antiche.

3 Nei Quartieri Spagnoli .... via San Gregorio Armeno.

4 In questa via .... molti negozi di presepi.

5 .... statue tradizionali, ma anche di attori famosi.

6 In via San Gregorio Armeno .... il negozio del nonno di Ciro.

7 Nel presepe tradizionale .... la statua del pescatore.

8 .... anche la statua del monaco.

Vocabolario

3 **Trova 16 parole e trova un proverbio napoletano sull'amicizia.**

```
P E S C A T O R E B
A T T M A G L I O A
S R A O C O R D A S
T I T Z V I C O L I
I B U Z C I D R L L
E U E A E V U I O I
R N E R S R O G L C
A A O E T A M A I O
M L I L I C O N O O
N O L N C U O C O E
N D I A O V I A C E
F S P A G N O L I A
```

i l Buon amico non dice, fa!

Attività di pre-lettura

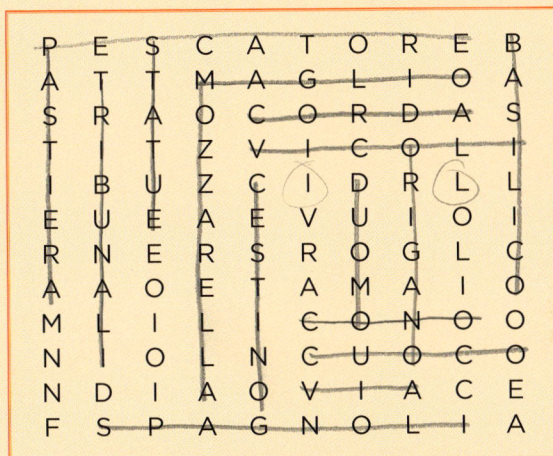 **4** **Ascolta la prima parte del Capitolo 4 e completa.**

1 Ma .... è questa bella ragazza? Ciao, io
.... Salvatore!

2 ...., io sono Anna.

3 Ciro, mi siedo, eh? Non ...., vero?

4 Che .... incontrare Salvatore .... stasera!

5 Ma ...., Ciro?! Con tutte le cose belle di Napoli,
tu .... sottoterra?

6 Sai, la squadra di Ciro .... sempre!

Capitolo 4

La sfida★

▶ 6 Salvatore! Il nemico numero uno di Ciro! È il ragazzo più popolare del liceo: bello, ricco, sportivo e... antipatico★! Crede di essere migliore di tutti e, in particolare, migliore di Ciro!

– Ma chi è questa bella ragazza? Ciao, io mi chiamo Salvatore!

Anna gli sorride. Che simpatico! E che bel sorriso!

– Piacere, io sono Anna.

– Ciao, Anna! Hai un accento★ particolare... non sei di Napoli, vero?

– Sono nata a Napoli, ma abito a Vancouver.

– Bellissima città! Ci sono stato! Ciro, mi siedo, eh? Non ti dispiace, vero?

"Certo, che mi dispiace!" pensa Ciro, ma Salvatore si siede e comincia a parlare di Vancouver. Ciro è veramente arrabbiato: che sfortuna incontrare Salvatore proprio stasera!

sfida (qui) gara importante
antipatico non simpatico, non amichevole e gentile

accento (qui) modo di parlare

– Ma tu conosci Napoli? – chiede Salvatore ad Anna.

– Oggi Ciro mi ha fatto visitare la città.

– E cosa avete visto?

– Beh… Napoli sotterranea…

Salvatore comincia a ridere:

– Ma come, Ciro?! Con tutte le cose belle di Napoli, tu la porti… sottoterra? – e comincia a ridere in modo veramente antipatico. Sì, proprio antipatico!

– È stato molto interessante! – risponde Anna. – E poi Ciro mi ha invitato a mangiare questa ottima pizza!

– E ti ha invitato anche alla partita? – chiede Salvatore.

– Quale partita?

– Domani io e Ciro abbiamo una partita speciale! Sai, la squadra di Ciro perde sempre!

– Non è vero! – grida Ciro, che ora è veramente arrabbiato. – Abbiamo perso solo una partita, ma domani vinciamo di sicuro!

– Ah, sì? Vedremo… – ride Salvatore.

❖ ❖ ❖

▶ 1 Ore 18, campo di calcio. Ciro è preoccupato: Antonio, il miglior calciatore della squadra, è ancora in vacanza! Ha dovuto chiamare Pasquale al suo posto, ma Pasquale non è bravo a calcio! E poi c'è Anna che guarda la partita! Che guaio*!

La partita va male per la squadra di Ciro: la squadra di Salvatore è troppo forte! E Pasquale è un disastro! Deve stare vicino alla porta* e, invece, è sempre da un'altra parte! Ma che fa?!

La squadra di Salvatore è vicina alla porta! Salvatore tira* e… gol!

– Uno a zero! – grida Salvatore a Ciro. E poi saluta Anna alzando le braccia, come un campione. "Povero Ciro…" pensa Anna.

Salvatore ricomincia a correre: è veloce e Ciro non riesce a prendere il pallone. "Ma Pasquale dov'è?" pensa Ciro arrabbiato. "Deve stare vicino alla porta!"

---

guaio grande problema

porta 🖼

tirare (qui) dare un calcio al pallone

Ma che ci fa Anna in mezzo al campo? Tutti si fermano.

– Se siete tutti d'accordo, io gioco al posto di Pasquale, che è stanco!

Salvatore si mette a ridere:

– Oh, povero Pasquale! Beh, io sono d'accordo! E tu Ciro?

– Io anche! – risponde Ciro… ma è imbarazzato. Imbarazzato e contento: Anna vuole aiutarlo! Giocheranno insieme! È una bella sensazione…

Anna prende il pallone e inizia a correre. È veramente velocissima! Salvatore prova a fermarla e a prenderle il pallone. Niente da fare: lei va dritta verso la porta e… gol! Incredibile!

– Uno a uno! – grida Anna.

Anna e Ciro si guardano: vinceranno!

– Forza, ragazzi! – grida Salvatore alla sua squadra. No, non vuole perdere, soprattutto contro una ragazza! Anna prende il pallone e comincia a correre, ma Salvatore si butta su di lei. Anna cade e… non si rialza.

– Anna! – grida Ciro correndo da lei. – Stai bene?

– Il polso★... che dolore! – risponde piano Anna.

Ciro si butta su Salvatore e lo prende per la maglia:

– Cosa hai fatto? Ti sei buttato su di lei!

– Non è vero! – Salvatore è molto arrabbiato e colpisce Ciro a una spalla.

– Fermi! Basta! – grida Anna, alzandosi. – Il polso mi fa male, ma non è rotto. Basterà un po' di ghiaccio.

Salvatore va da lei. È veramente dispiaciuto:

– Scusami tanto Anna, mi dispiace veramente! Scusami! Guarda... per farmi perdonare, domani ti porto sulla mia barca a vela★: ti faccio vedere il Golfo di Napoli e ti porto a Capri.

– Fantastico! – grida Pasquale. – Andiamo tutti a Capri!

Salvatore guarda Pasquale arrabbiato: ma questo★ veramente non capisce niente! Ciro invece è felice: sarà necessario prendere il traghetto★ per andare a Capri! Loro sono troppi per la piccola

---

polso la parte tra il braccio e la mano
barca a vela

questo (qui) questo ragazzo
traghetto

barca a vela di Salvatore! E se lui sperava di portare Anna da sola sulla sua barca… niente da fare!

❖ ❖ ❖

Ciro accompagna Anna a casa e le dà un bacio sulla guancia.

– Mi dispiace per il polso… stai bene?

– Sì, è tutto a posto! Abbiamo perso la partita, ma abbiamo vinto una gita a Capri! – ride lei. – A domani!

– A domani! – risponde Ciro, ma vorrebbe stare ancora lì con lei.

In camera sua Anna pensa a Ciro e Salvatore. Ciro è gentile ma può essere anche aggressivo e Salvatore… anche! Sono molto diversi, ma anche molto simili. "Meglio dormire" pensa Anna. E spegne la luce. Ma un bel viso le torna in mente al buio. ⬛

Lettura e comprensione

1 Scegli e completa le frasi.

1 Antonio è ☐ il miglior giocatore della squadra ☐ il peggior giocatore della squadra.
2 La squadra di Salvatore è ☐ molto debole ☐ molto forte.
3 Anna decide di ☐ giocare nella squadra di Ciro ☐ giocare nella squadra di Salvatore.
4 Anna cade e si fa male ☐ a una gamba ☐ a un polso.
5 Salvatore è ☐ molto dispiaciuto ☐ molto contento.
6 Salvatore invita Anna a ☐ fare una gita in barca a vela ☐ fare una gita in traghetto.

Grammatica

2 Scrivi il superlativo assoluto plurale di questi aggettivi: attenzione a maschile e femminile!

1 bello + bella = ...
2 grande + grande = ...
3 veloce + veloce = ...
4 bravo + brava = ...
5 arrabbiato + arrabbiato = ...
6 vera + vera = ...
7 sfortunato + sfortunata = ...
8 chiara + chiara = ...

Vocabolario

3 **Completa lo schema con le parole del calcio.**

1 Chi gioca a calcio.
2 Gruppo di persone che giocano a calcio.
3 Sinonimo di "dare un calcio al pallone".
4 Sinonimo di "palla".
5 La fanno due squadre che giocano.
6 Il verbo del vincitore.
7 Se ci tiri dentro il pallone, fai gol.
8 Dove si gioca una partita.
9 Il contrario di "vincere".

Scrivere

4 **Immagina: sei Pasquale, il peggior calciatore della squadra. Racconta come è andata la partita.**

Capitolo 5

Un sogno!

▶ 8 Ore 9 del mattino: tutti sono al porto, pronti per andare a Capri. I ragazzi parlano della partita di ieri, ma non sono più arrabbiati: ridono e scherzano. Salvatore, però, non è di buon umore*. Non riesce a stare solo con Anna, perché Ciro le sta sempre vicino!

Dopo un'ora di traghetto i ragazzi arrivano alla Marina Grande di Capri. Da lì devono prendere le piccole barche per andare alla Grotta Azzurra*. La Grotta Azzurra è una grotta sul mare. È famosa in tutto il mondo perché l'acqua del mare, dentro alla grotta, è di un blu bellissimo. Le persone possono visitare la Grotta Azzurra solo in barca e in una barca possono salire solo poche persone.

Ciro, deluso* e arrabbiato, vede Anna salire sulla barca con Salvatore e partire.

La Grotta Azzurra è meravigliosa! Salvatore parla e parla. Anna lo ascolta con attenzione, ma fa

di buon umore felice, tranquillo
Grotta Azzurra

deluso triste perché le cose vanno male

50

anche tante foto. Verranno delle foto spettacolari*!
Ciro, invece, non guarda la grotta: guarda Anna e
Salvatore che ridono e si divertono sull'altra barca
e diventa sempre più nervoso.

Quando la visita finisce, Anna corre da Ciro
per mostrargli le foto e a Ciro torna il sorriso.
Salvatore, invece, è arrabbiato! "È andata subito
da Ciro!" pensa.

Poi i ragazzi vanno nella famosa Piazzetta di
Capri. Da lì si vede tutto il Golfo di Napoli: che
spettacolo! Anna fa un sacco di fotografie. Forse
Liz ha ragione: sarà possibile fare una mostra a
scuola delle sue foto! Anna fotografa anche Ciro e
gli altri amici. "Ehi! Non è così difficile fotografare
le persone, in fondo!" pensa.

❖ ❖ ❖

Ciro è a casa dei nonni di Anna. I due ragazzi
stanno lavorando al sito su Napoli. Il sito sta
venendo bene: le foto di Anna sono bellissime.

– Grazie Anna, – dice Ciro – con le tue foto il
sito è davvero più bello!

spettacolari bellissime ed emozionanti

– Sì, però non bastano★ – dice Anna. – Ci vuole qualcosa di più…

Anna riflette e poi:

– Ci vogliono delle foto animate! – Dice Anna. – Dobbiamo fare delle GIF! Tante GIF insieme che creano una storia!

– Sì! – grida Ciro. – Usiamo le tue foto dei presepi e creiamo una specie di presepe vivente!

– E con quelle dei nostri amici creiamo una gita a Capri! Dai, cominciamo!

❖ ❖ ❖

Anna sta aspettando Ciro in Piazza del Plebiscito. È il tramonto e c'è una magnifica luce d'oro su tutta la città. La sua vacanza sta finendo: è stato un mese bellissimo, ma è passato veramente in fretta★! Ha spedito le foto a Liz e a lei sono piaciute molto. Quando Anna tornerà a Vancouver, organizzeranno la mostra insieme. Una bella soddisfazione! Già… tornare a Vancouver… non manca★ molto…

Ciro arriva correndo. Sembra felicissimo.

non bastare non essere abbastanza
in fretta velocemente

non mancare (qui) ci sono ancora pochi giorni

– Anna! Anna!

– Ehi, che succede?

– Il mio sito ha vinto il secondo premio!

– Ma è fantastico!

– Sì! Non ho vinto il primo premio, ma va bene così! Ho vinto un po' di soldi e potrò pagare parte dell'università. E un'agenzia turistica ha visto il sito e mi ha offerto un piccolo lavoro! È fantastico! Lavorerò con loro per sei mesi e mi pagheranno!

– Che meraviglia! Sono proprio contenta!

– Il tuo aiuto è stato prezioso, Anna!

Anna e Ciro si guardano sorridendo. Poi Ciro prende Anna per mano e, insieme, vanno verso il mare.

❖ ❖ ❖

È il giorno della partenza. Anna, i suoi nonni e Ciro sono all'aeroporto. Anna ha già fatto il *check-in* e ora è davvero il momento di salutarsi. Sono tutti tristi. Anna Abbraccia i nonni. Suo nonno piange un po', la nonna cerca di sorridere. Ciro è molto triste, silenzioso.

– Ciao, Ciro! – dice Anna – Grazie di tutto!

– Ciao…

Anna non riesce a dire niente altro. Poi Ciro aggiunge:

– Sai… con i soldi dell'agenzia turistica forse potrò pagare l'aereo per Vancouver e, tra qualche mese, venire a trovarti…

– Ti aspetterò… – dice Anna.

Anna è sull'aereo. Questo mese è stato il più bello di tutta la sua vita. I nonni le mancano già… e anche Ciro! Stamattina Liz le ha scritto che non vede l'ora di vederla. Anche Anna ha voglia di rivedere Liz e anche i suoi genitori! L'aspetteranno all'aeroporto e sono tutti felici di averla di nuovo a casa.

Anna si sente con il cuore a metà: una metà a Napoli e una metà a Vancouver. E l'oceano in mezzo.

L'aereo decolla*.

– Arrivederci! – sussurra* Anna. – Ma solo per ora!

■

decollare partire, alzarsi in volo   **sussurrare** parlare molto piano

Lettura e comprensione

1 **Metti le frasi in ordine cronologico.**

☐ Anna e Salvatore salgono sulla stessa barca.

☐ Anna e Salvatore ridono e si divertono.

☐ Anna fa vedere le foto a Ciro.

☐ I ragazzi arrivano alla Marina Grande di Capri.

☐ Ore 9 del mattino: tutti sono al porto di Napoli.

☐ Anna fa molte foto nella Grotta Azzurra.

☐ Vanno a vedere la Piazzetta di Capri.

2 **Chi ha fatto cosa? Leggi e completa la tabella.**

> sono andati a Capri • hanno fatto una partita di calcio •
> hanno mangiato la pizza • hanno parlato di Napoli e dei
> suoi luoghi • hanno visitato Napoli Sotterranea

Anna e Ciro	Anna, Ciro e i suoi amici

Grammatica

3 **Completa le frasi con i verbi tra parentesi al futuro semplice.**

1 (venire) .... delle foto spettacolari!
2 (essere) .... possibile fare una mostra delle foto a scuola.
3 Ciro (potere) .... pagare parte dell'Università.
4 Anna (tornare) .... a casa presto.
5 Anna e Ciro (fare) .... delle GIF e (creare) .... una storia.
6 Ciro (lavorare) .... per un'agenzia turistica.
7 Forse Ciro (avere) .... i soldi per l'aereo.
8 Liz (aspettare) .... Anna all'aeroporto a Vancouver.

Scrivere

4 **Immagina: sei Ciro. Racconta il tuo mese con Anna: cosa ti è piaciuto, cosa avete fatto, cosa speri per il futuro.**

Napoli

La storia

Napoli è stata probabilmente fondata dai Cumani nell'VIII secolo a.C. col nome di Partenope. Greci e Romani, invece, l'hanno chiamata "Neapolis" (città nuova). Napoli ha avuto molte dominazioni straniere, ma i napoletani hanno sempre voluto la libertà. Durante la Seconda Guerra Mondiale, Napoli è stata bombardata 200 volte, perché era un porto importante!

Il Palazzo Reale

Antico e moderno

Il centro di Napoli è Patrimonio UNESCO dell'Umanità. Tra i luoghi più importanti c'è Spaccanapoli, la via che taglia in due il centro storico e dove c'è la "vera" Napoli, con i suoi vicoli, gli artigiani, i mercati… Piazza del Plebiscito è un altro tesoro, con il bellissimo Colonnato della Chiesa di San Francesco di Paola e il Palazzo Reale. Lo hanno costruito alla fine del 1500 per la visita a Napoli del re Filippo III. Purtroppo il re non è mai venuto! La metropolitana di Napoli, modernissima e bellissima, ha più di 200 opere di artisti contemporanei!

La metro di Napoli

La Piazzetta di Capri

La natura

Le isole del Golfo di Napoli, Capri, Ischia e Procida, sono bellissime.
Il vulcano Vesuvio è ancora attivo e molti turisti lo visitano. È anche possibile sciare sul Vesuvio!

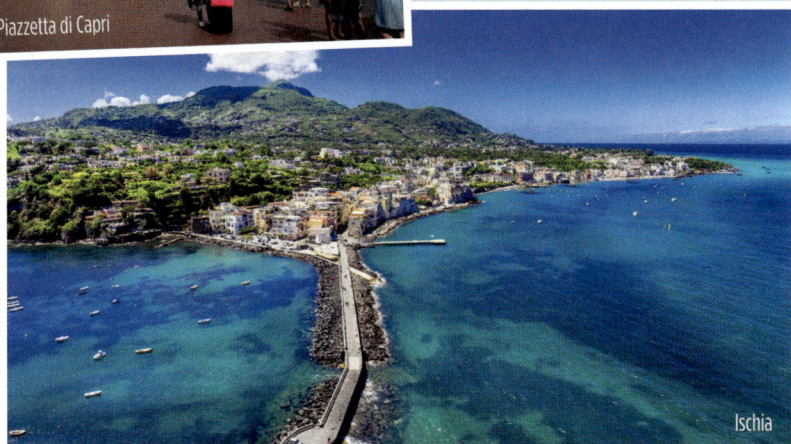

Ischia

Il dialetto napoletano

È una lingua vera e propria. Chi non è napoletano, a volte, non riesce a capire le parole! Ha molti modi di dire divertenti e... filosofici. Il dialetto esprime la storia di un popolo, quello napoletano che, in tanti secoli, ha visto e vissuto... di tutto! Ma, proprio per questo, ama sorridere ed essere allegro.

Il sartù di riso

Il cibo

Chi va a Napoli... mangia tanto! Il cibo di Napoli è buonissimo! Non solo pizza, ma anche tanti dolci (come la sfogliatella, il babà o la pastiera), cibo fritto da mangiare per strada (come il "cuoppo" o i panzerotti), tante ricette molto "ricche" come il "sartù" di riso, o povere come la frittata di pasta.

Il babà

Il presepe napoletano

Il primo presepe (o presepio) napoletano è del 1025. Era un presepe molto semplice, con solo la scena della nascita di Gesù: il Bambino, Maria, Giuseppe, il bue e l'asino. Nel Seicento, invece, il presepe diventa molto grande e ricco, con tante statue che rappresentano la vita quotidiana del tempo. Ci sono, per esempio, la statua del fruttivendolo, del macellaio, della gente del popolo, dei pastori e tanti altri. Nel Settecento il presepe diventa ricchissimo: ancora più grande, con tante case, montagne, fiumi, e ancora più ricco di statue. Il re di Napoli andava nelle case a vedere i presepi e dava un premio al presepe più bello.

Via San Gregorio Armeno

Qui ci sono tanti negozi di presepi: in genere, i negozianti costruiscono e dipingono le statue e gli oggetti dei presepi con le loro mani. Si trova proprio nel centro della città, vicino al Duomo, a via dei Tribunali e a Spaccanapoli. I negozi di presepi sono aperti tutto l'anno, ma dall'8 dicembre al 6 gennaio (che il Italia è il periodo delle feste di Natale) ci sono bellissime esposizioni.

Il presepe moderno

Il presepe napoletano è sempre stato una rappresentazione della vita quotidiana della gente. Per questo, oggi, ci sono anche molte statue della vita moderna. Statue di persone famose, come cantanti, politici, attori, sportivi...

Statue di personaggi moderni

Il Museo di San Martino

Qui puoi vedere la più grande raccolta di presepi del mondo. C'è anche il famoso – e bellissimo – presepe Cuciniello, dell'Ottocento. È stato costruito da Michele Cuciniello con la sua grandissima collezione di pastori del Settecento.

Presepe Cuciniello

Test finale

Rispondi Vero (V) o Falso (F).

		V	F
1	Anna a Vancouver passa molto tempo da sola.	☐	☐
2	I suoi genitori hanno una pizzeria a Vancouver.	☐	☐
3	Anna parla e capisce perfettamente il napoletano.	☐	☐
4	I nonni di Anna si chiamano Francesco e Diletta.	☐	☐
5	Anna ha pensato di andare a Napoli per le vacanze estive.	☐	☐
6	I suoi genitori sono preoccupati per il suo viaggio.	☐	☐
7	I nonni sono felicissimi di vedere Anna.	☐	☐
8	I napoletani parlano forte e sono allegri.	☐	☐
9	Anna è felice perché farà delle bellissime foto.	☐	☐
10	Anna incontra Ciro in Piazza del Plebiscito.	☐	☐
11	Ciro ha un negozio di presepi.	☐	☐
12	Ciro studia informatica.	☐	☐
13	Anna è brava a calcio.	☐	☐
14	Salvatore è il migliore amico di Ciro.	☐	☐
15	La squadra di Salvatore perde.	☐	☐
16	Anna si fa male a una gamba.	☐	☐
17	Durante la gita a Capri Salvatore vuole stare con Anna.	☐	☐
18	A Capri i ragazzi visitano la Grotta Verde.	☐	☐
19	Ciro e i nonni sono molto tristi per la partenza di Anna.	☐	☐
20	La storia si chiude con Anna che è tristissima e piange.	☐	☐

Sillabo dei contenuti morfosintattici

- Coniugazione attiva e riflessiva dei verbi regolari e dei più comuni verbi irregolari.
- Indicativo presente; passato prossimo; infinito; imperativo; condizionale per i desideri.
- Verbi ausiliari.
- Verbi modali: *potere, volere, dovere*.
- Pronomi personali (forme toniche e atone), riflessivi, relativi.
- Aggettivi e pronomi possessivi, dimostrativi, interrogativi.
- I più frequenti avverbi qualificativi, di tempo, di quantità, di luogo, di affermazione, di negazione.

- Le frasi semplici: dichiarative, interrogative, esclamative, volitive con l'imperativo e il
- condizionale.
- Le frasi complesse: coordinate copulative, avversative, dichiarative.
- Subordinate esplicite: temporali, causali, dichiarative, relative.

Letture Graduate ⒠ Giovani

Livello 1
Giovanni Boccaccio, *Decameron – Novelle scelte*

Livello 2
Mary Flagan, *Il souvenir egizio*
Emilio Salgari, *Le Tigri di Mompracem*
G. Massei - A. Gentilucci, *Evviva Roma!*
Marta Natalini, *L'ombra di Dante*
Marta Natalini, *I colori di Napoli*

Livello 3
Maureen Simpson, *Destinazione Karminia*

LETTURE GRADUATE ⒠ GIOVANI ADULTI

Livello 2
Carlo Collodi, *Le avventure di Pinocchio*
Luigi Pirandello, *Novelle per un anno – Una scelta*
Anonimo, *I fioretti di San Francesco*
Carlo Goldoni, *Il servitore di due padroni*
Niccolò Machiavelli, *Mandragola*

Livello 3
Giovanni Verga, *I Malavoglia*
Alessandro Manzoni, *I promessi sposi*